# Luisa Rose

# Magic Notes

## Notebook / Notizbuch

*Bibliografische Information der Deutschen Nationalbibliothek:
Die Deutsche Nationalbibliothek verzeichnet diese Publikation in der Deutschen Nationalbibliografie; detaillierte bibliografische Daten sind im Internet über http://dnb.dnb.de abrufbar.*

*© 2016 Luisa Rose; 1. Auflage*

*Covergrafik, Texte und Illustrationen: © Luisa Rose*

*Herstellung und Verlag: BoD – Books on Demand, Norderstedt*

*ISBN: 9783743114418*

# Weitere Ausmalbücher von Luisa Rose:

| Titel | ISBN |
|---|---|
| Alice im Wunderland | 9783741297502 |
| Blumen und Märchen | 9783743102002 |
| Der Struwwelpeter | 9783743102699 |
| Die Struwwelliese | 9783743102811 |
| Don Quixote | 9783743104037 |
| Drei kleine Schweine | 9783743104099 |
| Eine Blumenhochzeit | 9783743104105 |
| Fröhliche Reigenspiele | 9783743104112 |
| Lustige Tanzspiele | 9783743104273 |
| Reise ins antike Griechenland | 9783743112568 |
| Flucht ins antike Griechenland | 9783743112599 |
| Pariser Leben im 19.Jahrhundert | 9783743112704 |
| Die Sommerkönigin | 9783743112742 |
| Der Schneider und die Krähe | 9783743112827 |
| Die Wikinger | 9783743113275 |
| Hänsel und Gretel | 9783743114265 |
| Max und Moritz | 9783743103214 |
| Schnurrdirburr | 9783743112834 |
| Mode des 18. und 19. Jahrhunderts | 9783743112971 |
| Kostümbilder des 18. und 19. Jahrhunderts | 9783743114401 |
| Abenteuer im Bienenland | 9783743117051 |
| Griechische Helden der Antike | 9783743117709 |
| Märchen alter Zeit | 9783743116559 |

# Notizbücher von Luisa Rose:

| Titel | ISBN |
|---|---|
| Drachentöter (Notizbuch) | 9783743113077 |
| Natures Wonders (Notizbuch) | 9783743113817 |
| Gedankenspiel Notizen (Notizbuch) | 9783743113886 |
| Smaragd Notizen (Notizbuch) | 9783743114296 |
| Jagd Notizen (Notizbuch) | 9783743114302 |
| Tradition (Notizbuch) | 9783743114319 |
| Antik Notizbuch (Notizbuch) | 9783743114326 |
| Veni Vidi Vici (Notizbuch) | 9783743114340 |
| Black List (Notizbuch) | 9783743114371 |
| Mystic Notes (Notizbuch) | 9783743114388 |
| Magic Notes (Notizbuch) | 9783743114418 |
| Fantasien (Notizbuch) | 9783743114463 |
| Creative Notes (Notizbuch) | 9783743114487 |
| Persönliche Notizen (Notizbuch) | 9783743114494 |
| Peter Pan (Notizbuch) | 9783743114531 |
| Rose (Notizbuch) | 9783743114548 |
| Quality Street (Notizbuch) | 9783743114555 |
| Rubin Notizen (Notizbuch) | 9783743114647 |
| Schmetterlinge (Notizbuch) | 9783743114661 |
| Ali Baba (Notizbuch) | 9783743114678 |
| The portrait of a Lady (Notizbuch) | 9783743114692 |
| Shakespeare (Notizbuch) | 9783743114722 |
| Brainstorming (Notizbuch) | 9783743114739 |
| Merlin (Notizbuch) | 9783743114746 |
| Rügen (Notizbuch) | 9783743114784 |

Möchtest du über neue Bücher von Luisa Rose per email Informiert werden? Dann schicke eine Email mit ‚Newsletter' im Betreff an Luisa.Rose@t-online.de